Campos de Experiências

Mônica Pina e Virginia Finzetto

Inspirado nos ensinamentos de
MARIA MONTESSORI

Criatividade

Este livro pertence a

_____

_____

©HAPPY BOOKS LTDA.

Rodovia Jorge Lacerda, 5086 - Poço Grande
Gaspar - SC | CEP 89115-100

Direção:
Angela Finzetto

Texto e consultoria pedagógica:
Mônica Pina

Atividades e edição:
Virginia Finzetto

Imagem e ilustração:
Living Art, Pixabay e Shutterstock

Projeto gráfico e diagramação:
Marcos Inoue

Revisão:
Tamara B. G. Altenburg

IMPRESSO NA CHINA
www.happybooks.com.br

Dados Internacionais de Catalogação na Publicação (CIP)
(Câmara Brasileira do Livro, SP, Brasil)
_____

Pina, Mônica
Eu crio: Criatividade
[Texto: Mônica Pina, Virginia Finzetto; Ilustração: Shutterstock].
Gaspar, SC: Happy Books, 2023.
(Coleção Campos de Experiências)

ISBN 978-65-5507-624-0

1. Criatividade - Literatura infantojuvenil   2. Educação infantil (Atividades
e exercícios)   3. Habilidades - Literatura infantojuvenil   4. Imaginação -
Literatura infantojuvenil   I. Shutterstock.   II. Titulo. III. Série.

23-168078   CDD-028.5
_____

Índices para catálogo sistemático:

1. Literatura infantil   028.5
2. Literatura infantojuvenil   028.5

Eliane de Freitas Leite - Bibliotecária - CRB-8/8415

SUMÁRIO

UMA VIDA repleta de estímulos! 4
ÁREAS de experiência 5
APRENDER é divertido! 6
RECADO aos pais 7
A ARTE é parte da vida! 8
MÃOS à obra! 10
DICAS para pais e educadores 109

Atividades

Nível 1 15
Nível 2 39
Nível 3 63
Nível 4 87

Materiais que vocês vão usar

giz de cera

lápis de cor

tinta colorida

cola

tesoura de ponta arredondada

cartolina

palito, cotonete, rolha, glíter, fita

UMA VIDA
repleta de estímulos!

No processo de desenvolvimento da criança, conhecimentos, experiências e emoções não podem ser entendidos como elementos isolados, pois se entrelaçam e se reforçam o tempo todo.

Crianças emocionalmente equilibradas e apoiadas por seus familiares têm mais motivação para fazer descobertas, adquirir habilidades, superar situações novas e alcançar objetivos cada vez mais significativos, principalmente quando sua sensibilidade, curiosidade e criatividade são estimuladas.

> "A curiosidade é um impulso para aprender."
>
> *Maria Montessori, médica, pesquisadora e educadora*

Especialistas em educação definem determinadas áreas de experiência como fundamentais para que a criança aprenda e se desenvolva plenamente. Portanto, cada volume da coleção foi elaborado com foco em uma dessas áreas, sempre valorizando a criança, sua complexidade e individualidade.

As atividades enfatizam habilidades, atitudes e valores que os pequenos vão desenvolver e que se relacionam com suas interações e brincadeiras. A vivência deles com as propostas de cada livro se transformarão em experiências educativas e divertidas, proporcionando a vocês compartilharem momentos de crescimento e afeto.

Áreas de experiência

Cada livro da coleção **Campos de Experiências** tem foco em uma destas áreas, fundamentais para que a criança aprenda e se desenvolva:

EU ME COMUNICO - LINGUAGEM
comunicação oral · vocabulário · habilidades
de leitura e escrita · rimas · narração de histórias

EU CALCULO - MATEMÁTICA
quantidades · medidas · comparações · operações
números · formas · solução de problemas

EU E OS OUTROS - EMOÇÕES E CONVÍVIO SOCIAL
identidade · autocuidado · autoestima · inteligência emocional
consciência de si e do outro · regras sociais

EU EXPERIMENTO - SENTIR E BRINCAR
coordenação visomotora · experiências
sensoriais · habilidades de escrita

EU CRIO - CRIATIVIDADE
desenho · pintura · colagem · música · teatro

EU DESCUBRO - EXPLORANDO O MUNDO
natureza e meio ambiente · ciências
história · geografia

EU ME LOCALIZO - TEMPO, ESPAÇO E MOVIMENTO
tempo · espaço · orientação absoluta e relativa
sequências de fatos · relações de causa e efeito

APRENDER
é divertido!

Curiosas e criativas, as crianças fazem as suas maiores descobertas enquanto brincam, experimentam, exploram e observam as pessoas e o mundo ao seu redor. Para acompanhá-las nessa jornada e apoiar o seu desenvolvimento, educadores e familiares contam com a coleção **Campos de Experiências**, que traz atividades desafiadoras e muito divertidas.

A coleção **Campos de Experiências** valoriza o potencial da criança de maneira integral, com propostas educativas que favorecem suas formas de expressão e ampliam seu repertório de vivências e percepções, estimulando a aprendizagem em todas as áreas.

Ao incentivar a criança a fazer suas descobertas e explorar as brincadeiras dos livros abrem-se novos caminhos para o conhecimento.

Em tempos de mudanças tão velozes e de muita informação disponível em diversos meios, é ainda mais importante valorizar o desejo de aprender, a curiosidade e a capacidade de se maravilhar, tão naturais nos primeiros anos de vida.

> "Quanto mais ampla for a gama de possibilidades que oferecemos às crianças, mais intensas serão suas motivações e mais ricas serão suas experiências."

Loris Malaguzzi, pedagogo e professor

RECADO
aos pais

Acompanhar o crescimento de uma criança é uma experiência fascinante, cheia de expectativas e de inquietações. Afinal, como a família pode ajudá-la a se desenvolver de forma plena e harmoniosa?

Está comprovado que os aspectos cognitivos, intelectuais, psicológicos, comportamentais, emocionais e relacionais de cada indivíduo se estruturam na primeira infância ou, mais precisamente, a partir dos estímulos a que a criança é exposta nos primeiros cinco anos de vida. Não é por acaso que os especialistas destacam que nessa fase é essencial acolher, ouvir e observar as interações e reações da criança, além de respeitar e estimular suas potencialidades.

Valorizando a conexão com os familiares como a maior referência para a criança, a coleção **Campos de Experiências** traz propostas para serem realizadas com o apoio dos pais. Elas foram criadas, especialmente, para crianças entre 3 e 6 anos de idade.

Cada brincadeira é um convite para que pais e filhos vivenciem mais momentos juntos, com estímulos que têm o objetivo de ampliar as experiências e o desejo da criança de conhecer e experimentar tudo o que é novo.

"A criança observa com amor, nunca com indiferença, e essa atitude permite que sua inteligência revele o invisível."

Maria Montessori, médica, pesquisadora e educadora

A ARTE É
parte da vida!

As brincadeiras potencializam o desejo natural da criança de conhecer e de compreender o que está ao seu redor por meio de experiências. Nesse contexto, as atividades relacionadas à arte oferecem a possibilidade de converter vivências, emoções, pensamentos e ideias em criações, incentivando a percepção, a sensibilidade, o autoconhecimento, a expressão e a interação social.

Segundo estudos da pedagoga Maria Montessori, até os seis anos a criança está numa fase de intensa absorção de estímulos. Por isso, desde cedo é importante convidar os pequenos a ouvir música, cantar, manusear objetos sonoros, desenhar, pintar, recortar, modelar, ouvir histórias e interagir com imagens, formas e sons. No contato com a arte, a criança descobre que é possível ver, sentir e retratar o mundo das mais diferentes formas e, assim, descobre o outro e se descobre, aprendendo por meio de todos os seus sentidos.

Este livro traz propostas de desenho, pintura, recorte, colagem e montagem. Destaca temas relacionados às artes, apoiando o desenvolvimento de habilidades motoras e físicas, despertando a sensibilidade e a criatividade e ajudando as crianças a se descobrirem, a descobrirem o outro e a inventarem novas maneiras de compreender e de representar o mundo.

> "Diego não conhecia o mar. O pai, Santiago Kovakloff, levou-o para que descobrisse o mar. Viajaram para o Sul. Ele, o mar, estava do outro lado das dunas altas, esperando. Quando o menino e o pai enfim alcançaram aquelas alturas de areia, depois de muito caminhar, o mar estava na frente de seus olhos. E foi tanta a imensidão do mar, e tanto seu fulgor, que o menino ficou mudo de beleza. E quando finalmente conseguiu falar, tremendo, gaguejando, pediu ao pai: – Me ajuda a olhar!"

Eduardo Galeano, escritor uruguaio, em "O Livro dos Abraços"

APRECIAR E ESTIMULAR
o contato com a arte

Museu é lugar de criança

Escolha o horário para visitar exposições considerando a rotina da criança e não prolongue demais o passeio. Informe-se sobre visitas guiadas e áreas interativas. Deixe que a criança toque no que for possível, faça fotos, comente impressões e desenhe o que mais gostou.

Qualidade nas telinhas

É importante controlar o tempo diante das telas, mas é essencial pensar também na qualidade. Busque conteúdos que incentivem o interesse por outras formas de arte e selecione desenhos, jogos e filmes com boas histórias e alta qualidade visual e musical.

Muitos ritmos

Procure shows ao ar livre e em locais onde a criança possa ficar à vontade e apresente referências diversificadas. Use a música também para marcar momentos do dia, como a hora do banho ou de dormir.

Desenhando todo dia

Com um lápis ou um graveto, enquanto ganha habilidade para se expressar com linhas e cores, a criança se prepara para escrever. Incentive o uso de materiais diversos e ofereça oportunidades para ela desenhar.

Viagem sem limites

Enquanto ouvem histórias e poemas, as crianças desbravam caminhos imaginários e desfrutam de sensações como alegria, raiva ou medo. Frequentem bibliotecas e livrarias para criar o hábito de leitura.

Mãos à obra!

Para estimular a experimentação e a curiosidade da criança nas atividades artísticas, é importante oferecer diferentes tipos de materiais e acompanhar as brincadeiras de perto. Forre o chão e confira algumas dicas práticas para fazer arte com ela.

Um pouco de tudo

Além de materiais como lápis, canetinhas, giz de tipos diversos, tinta e pincel; para desenhar e pintar é possível usar quase tudo, desde os dedos até galhos, folhas, esponjas, escovas, canudinhos, conta-gotas, cotonetes e outros objetos.

Manipulando itens com pontas e resistências diferentes, a criança vai desenvolver a musculatura e a sensibilidade das mãos e vai aprender a utilizar esses recursos de diferentes formas para obter os resultados mais diversos. Desenhem de olhos fechados, com as duas mãos, com os pés e até com a cobertura de sorvete.

É interessante variar também os suportes para desenho, pintura e colagem, oferecendo papéis de diferentes cores e espessuras cortados em formas e tamanhos distintos, caixas de papelão, plástico, painéis e até paredes de azulejos, que podem ser lavadas com facilidade.

> **+ uma dica**
> Mostre à criança a importância de valorizar os materiais, usando os dois lados de cada folha e descartando os itens corretamente para reciclagem.

Fábrica de tintas

Há muitos tipos de tintas e técnicas diferentes de usá-las. Para os pequenos, é melhor escolher as atóxicas e solúveis em água, mais seguras e fáceis de limpar. Vale pesquisar as indicações de uso de cada tipo de tinta, para explorar suas potencialidades.

É possível também fazer tintas em casa e criar cores e texturas especiais — como faziam muitos grandes artistas do passado. Vocês podem experimentar pintar com água do cozimento da beterraba, café sem açúcar, suco de cenoura ou de espinafre, ou fazer uma experiência divertida preparando uma tinta caseira. Veja, a seguir, como fazer.

Ingredientes:

- potinhos com tampa
- cola branca
- água
- terra peneirada, cúrcuma, pó de café, espinafre em pó ou beterraba em pó
- corantes alimentícios

Modo de fazer:

Em um pote, coloque duas colheres de cola branca, acrescente uma colher de água e misture bem. Junte gotas de corante ou uma colher de chá de um dos pós indicados ao lado e misture bem. Coloque mais corante, de acordo com o tom desejado. Se quiser a tinta mais líquida, acrescente mais água aos poucos.

+ uma dica

Convide a criança para lavar os pincéis: ela vai adorar observar as misturas de cores enquanto aprende maneiras de cuidar dos materiais.

Modelagem

Além de brincar com formas e cores, ao manusear argila ou massa de modelar, a criança tem a oportunidade de imaginar, criar e materializar suas ideias, enquanto recebe estímulos sensoriais pelo tato e pela visão, desenvolve habilidades manuais e coordenação motora, foco e concentração. A diversão é maior se vocês fizerem a massinha em casa. Convide a criança para ajudar a medir os ingredientes e para experimentar diferentes texturas e misturas de cores.

Ingredientes:

- 4 xícaras (chá) de farinha de trigo
- 1 xícara (chá) de sal
- 1½ xícara (chá) de água
- 1 colher (sopa) de óleo de soja (ou outro óleo comestível)
- corantes alimentícios (ou suco em pó) de cores variadas

Modo de fazer:

Em uma bacia grande, coloque os ingredientes secos e depois a água e o óleo. Misture bem com as mãos até formar uma bola uniforme de massa. Separe em porções, faça bolinhas e, no centro de cada uma, acrescente gotinhas de corante ou uma colher de chá de suco em pó.

Amasse bem a mistura até a cor ficar uniforme. Se quiser tons mais fortes, é só acrescentar mais corante e amassar bem para misturar. Sugira que a criança crie formas em três dimensões e use palitos de sorvete, forminhas, colheres e outros objetos para explorar todas as possibilidades da massinha.

Conserve a massinha envolvida em plástico na geladeira por até um mês. Entre na brincadeira e modele formas em massinha com a criança!

Jogos teatrais

Em suas brincadeiras, as crianças passeiam naturalmente pelo mundo do faz de conta e, em segundos, são capazes de se transformar em um bicho ou personagem saltando, usando um chapéu, uma fantasia de herói ou o sapato de um adulto.

É muito divertido explorar essas possibilidades e fazer jogos teatrais simples no dia a dia, brincando de fazer mímica e imitações de pessoas famosas ou mesmo da família, usando bonecos para contar histórias, caprichando nas vozes e na entonação e soltando a imaginação para criar fantoches. Veja uma sugestão a seguir.

Ingredientes:

- meias coloridas
- pedaços de lã e fita
- retalhos de tecido
- botões
- canetinhas

Modo de fazer:

Separe meias que estejam sem par e, com a criança, crie personagens costurando ou colando botões para fazer os olhos, pedaços de tecido para a boca e para detalhes de roupa do personagem, e fios de lã ou fitas para criar cabelos ou pelos.

Para manusear os personagens, basta colocar a mão na meia e fazer movimentos que indiquem que ele está abrindo e fechando a boca e se movendo. É fácil criar personagens diferentes e inventar diálogos ou usar os fantoches para cantar, contar histórias ou encenar contos de fadas conhecidos das crianças.

Primeiras descobertas

Cada criança tem seus próprios interesses, mas, de forma geral, de acordo com cada fase de desenvolvimento, elas conseguem se envolver mais com determinados tipos de estímulo. Pensando nisso, as atividades deste livro são apresentadas em níveis, respeitando momentos diferentes das crianças, embora elas possam começar por qualquer atividade e explorar as brincadeiras livremente.

O contato com a arte pode começar desde muito cedo, quando os pequenos adoram escutar músicas e cantigas. Aos poucos, eles tentam acompanhar o ritmo com o corpo, dançar, fazer gestos e repetir sons e palavras. Aproveite para valorizar essa sensibilidade e explorar as brincadeiras musicais sugeridas, além de usar músicas animadas para tornar especiais certos momentos do dia, inclusive a hora de se divertir com as atividades do livro.

Nessa etapa, os pequenos também apreciam fazer descobertas com o tato, experimentar texturas e explorar materiais diferentes com as mãos, em vivências que contribuem para o desenvolvimento motor, emocional e cognitivo. As propostas de colagens e montagens e de pinturas a giz ou com tinta usando os dedinhos contemplam essas habilidades.

Aproveite ainda para contar e inventar com eles histórias curtas e fábulas e ler quadrinhas e poemas, destacando a entonação da voz na pronúncia das palavras e valorizando as ilustrações.

Vamos passear?

Para colorir os meios de transporte como na página ao lado, toque de leve com o dedo em uma cor de tinta e depois toque no papel. Escolha cores variadas e não se esqueça de lavar os dedos entre uma pintura e outra.

Os peixinhos

Acompanhe com o dedo o caminho das ondas e trace-o com giz. Depois, recorte as imagens da página ao lado, cole-as aqui e pinte o peixinho que está sem cor. Você consegue imitar os movimentos que os peixinhos fazem com a boca?

Turma colorida

Peça ajuda a um adulto e recorte os peixinhos para completar a cena da página 20. Você sabe o nome das cores de cada um?

A arara

O som que a arara emite é muito parecido com o nome dela. Você consegue imitá-la? Complete o tracejado e pinte a ave, carimbando a tinta com o dedo na parte que falta colorir. Depois, pinte o gramado com giz.

Quebra-cabeça

Peça para um adulto recortar as peças da página ao lado. Encaixe-as nos espaços abaixo e, quando conseguir formar a imagem, cole cada peça em seu lugar. Depois, desenhe por cima uns pingos de água.

Hora do banho

Peça a ajuda de um adulto para recortar as peças abaixo. Depois, siga as instruções da página anterior e faça sua colagem.

Mar de cores

Complete os tracejados e deixe colorido o corpo dos animais. Observe o quadro abaixo para desenhar o que falta nos outros bichos.

Eles não param!

Que tal acompanhar os animais em um passeio? Passe o dedo nos caminhos, complete-os com giz e, depois, pinte os bichos com suas cores favoritas.

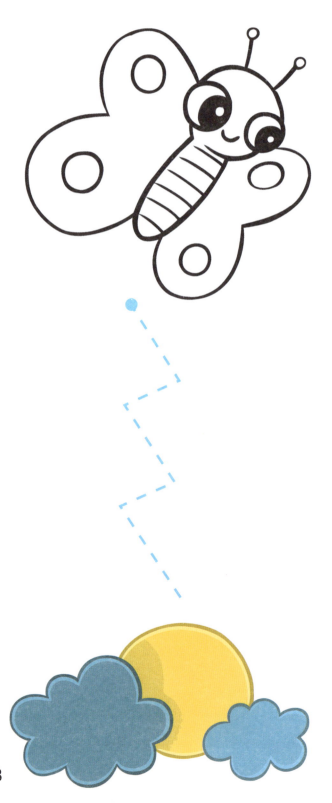
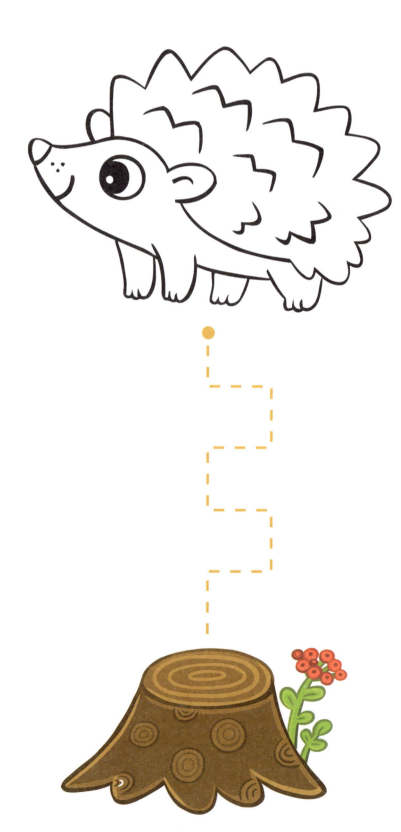

O xilofone

Você já tocou este instrumento? Conhece o som que ele faz? Complete os tracejados das baquetas e convide um adulto para cantar com você as notas musicais, dó, ré, mi, fá, sol, lá, si, enquanto você pinta cada tecla na cor indicada.

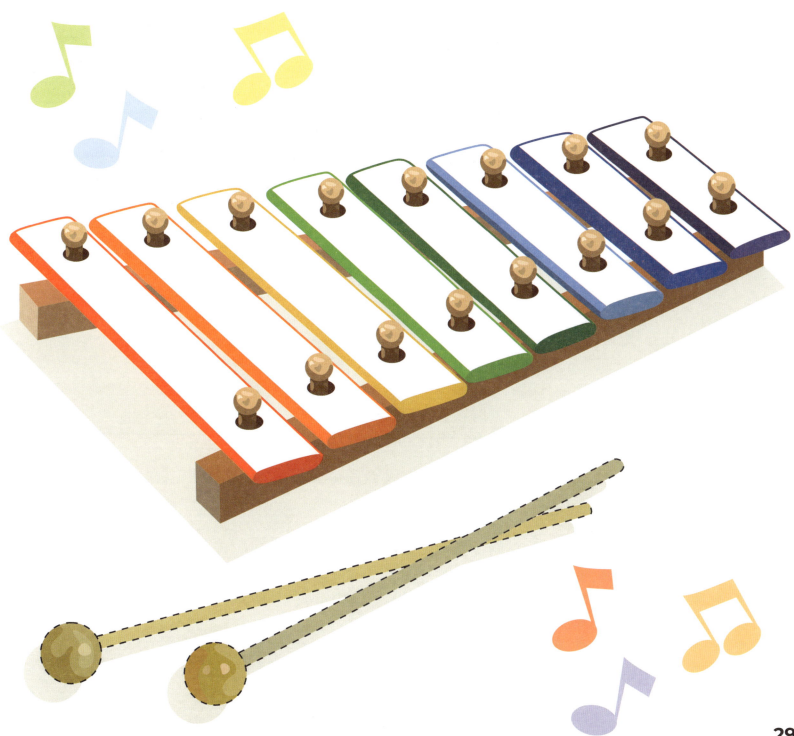

Amigas do jardim

Você já viu uma joaninha de perto? Desenhe e pinte o que falta em cada uma: as perninhas, os olhos, as antenas, as pintinhas e as asas. Depois, cole pedacinhos de papel para fazer as asas e carimbe as pintas com a pontinha do seu dedo e tinta.

31

Que chuva!

Complete os tracejados e pinte cada guarda-chuva na cor indicada no avesso de cada um. Depois, escolha cores para pintar o guarda-chuva branco e desenhe mais gotinhas de chuva.

O aviador

Você sabe imitar o som que o avião faz? Use giz de cera azul para completar os tracejados das nuvens e pinte o avião com a cor de sua preferência.

O rebanho

"Era uma vez sete ovelhas, mas faltou desenhar uma...".
Pinte a carinha das ovelhas da mesma cor de suas orelhas e desenhe a que está faltando. Depois, cole pedacinhos de lã ou algodão para deixá-las bem fofinhas. Que tal continuar a contar essa história?

Você gosta de ouvir histórias com bichos? Conhece a fábula sobre esses personagens? Pinte o corpo deles com giz de cera e carimbe as carinhas usando tinta e seu dedo. Depois, desenhe um animal que participe de uma história da qual você gosta.

BRINQUE MAIS
Campos de Experiências é só o começo!

Muitos bichos

Depois de desenhar e de fazer colagens e brincadeiras com os mais diferentes bichinhos em destaque nas atividades deste nível, que tal usar massinha para modelar diferentes animais? A partir de uma bolinha, é possível moldar a parte principal do corpo do animal e, aos poucos, com a ajuda de palitos, fazer surgirem antenas, orelhas, patas, bicos e asas. Vocês podem até inventar um bicho imaginário.

Cheios de histórias

As tradicionais fábulas, histórias com animais que falam e têm características e atitudes humanas, encantam os pequenos. Aproveite a brincadeira das páginas 36 e 37 e resgate as fábulas tradicionais, como "A tartaruga e a lebre" e "A raposa e as uvas". Leia para a criança e convide-a a inventar outras histórias, imaginando situações com seus animais de estimação ou mesmo seus bichos de pelúcia. O contato com diferentes gêneros literários ajuda a despertar o interesse e o gosto pela literatura.

Desafio colorido

Nada melhor do que brincar para aprender a reconhecer e nomear as cores. Experimente misturar objetos iguais de cores diferentes — palitos, balões ou peças de montar, por exemplo — e pedir para a criança separá-los de acordo com a cor. Depois, desafie ela a encontrar e agrupar objetos distintos, mas de cores iguais. Qualquer que seja a brincadeira, comece com as cores primárias — azul, amarelo e vermelho — e lembre-se de nomear as cores muitas vezes, para ajudar a criança a identificar e memorizar esses nomes.

Comunicação e imersão na arte

Aos poucos, as crianças começam a ter mais foco e atenção e conseguem passar períodos mais longos interagindo com uma música, uma imagem ou mesmo ouvindo ou contando uma boa história.

Também já demonstram interesse por traçar e pintar e se divertem bastante usando as próprias mãos e objetos para contornar e inventar formas e figuras, desenhando tanto em papéis quanto no chão de areia ou até mesmo nas paredes.

As atividades deste nível destacam os movimentos do corpo e o uso dos gestos na comunicação. Além disso, estimulam a capacidade de observação e análise de imagens e o desenvolvimento de habilidades motoras mais específicas, com movimentos detalhados e dirigidos do corpo e das mãos. Agora, o crescimento da criatividade vai ganhando cada vez mais espaço na vida da criança.

Incentive a criança a ouvir um repertório musical mais variado, para que possa escolher suas músicas favoritas, cantarolar e dançar. Faça perguntas e estimule-a a ampliar suas experiências no mundo das artes, buscando referências de filmes e desenhos curtos, peças de teatro e apresentações de espetáculos musicais.

Sempre que puder, participe com ela das brincadeiras propostas no livro e amplie-as de forma criativa e lúdica. Por exemplo, convide a criança para desenhar, dar nomes e inventar narrativas curtas, criando personagens a partir dos elementos em destaque em cada atividade.

É muito amor!

Com seus dedos, desenhe no ar a forma do coração. Você conhece outra maneira de fazer essa figura com as mãos? O que o gesto significa? Recorte as peças ao lado, encaixe-as abaixo e, depois, pinte cada coração com a cor correspondente ao seu quebra-cabeça.

Os corações

Peça ajuda a um adulto para colar esta página em cartolina antes de recortar as peças. Brinque com as peças na página 42 e, quando terminar, guarde o brinquedo para se divertir de outras maneiras.

43

O que sumiu?

Observe as imagens e desenhe na segunda cena os detalhes que sumiram. Depois, complete a tela fazendo um desenho e o pintando com suas cores favoritas.

Você consegue imitar os movimentos das meninas? Complete os tracejados, pinte as imagens e siga as dicas para fazer as saias. Depois, que tal escolher uma música legal e dançar bem à vontade?

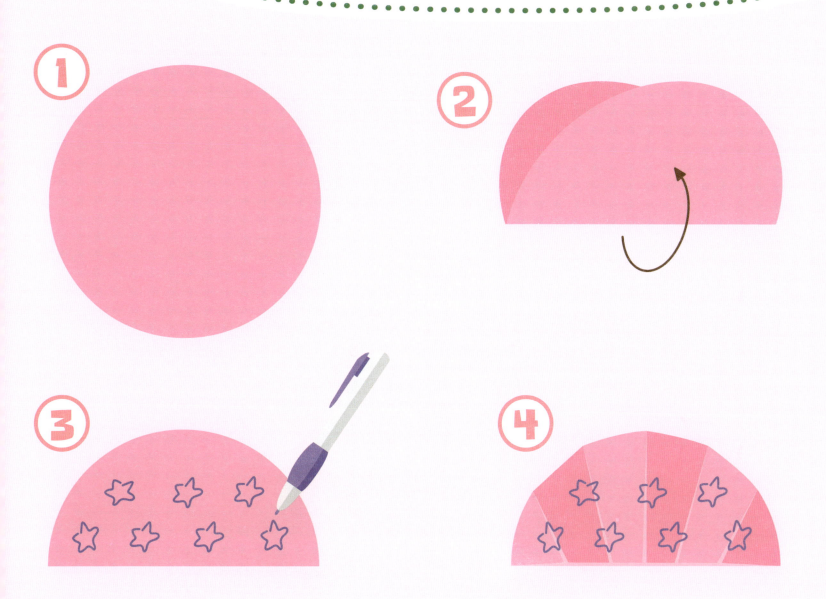

PREPARE AS SAIAS

Peça ajuda a um adulto para providenciar papel de seda ou crepom nas suas cores preferidas, tesoura, canetinha e cola. Siga os passos acima: (1) Use um copo americano como molde e trace círculos no papel. (2) Recorte os círculos e dobre-os ao meio. (3) Decore-os como quiser. (4) Dobre levemente as "saias" para franzir. Depois, passe cola na parte curva do tracejado de cada bailarina ao lado e cole os círculos enfeitados.

A banda

Mergulhe a pontinha do dedo em tinta para colorir as notas musicais enquanto diz o nome de cada uma. Pinte com giz o que falta na banda e imite o som destes instrumentos. Depois, que tal usar uma latinha como microfone e cantar uma canção bem alto?

Os dedoches

Peça ajuda a um adulto para colar esta página em cartolina antes de recortar as peças. Encaixe o dedoche como mostra o esquema. Faça os bichos dançarem, movimentando os seus dedos.

Piuí, abacaxi!

Você gosta desta fruta? Pinte-a com tinta e cole pedaços de papel verde para fazer a coroa. Em seguida, observe as frutas abaixo e circule aquela cujo nome começa com a mesma letra de abacaxi.

RESPOSTA: ABACATE.

51

Aves coloridas

Instruções

Com a ajuda de um adulto, use uma tesoura sem ponta e recorte as peças abaixo. Depois, cole-as nos lugares correspondentes nas páginas 52 e 55.

Que tal aprender a desenhar de um jeito divertido?
Para fazer a galinha, trace o contorno de sua mão e pinte-o em seguida. Para o pavão, passe tinta em toda a palma da mão e toque na página. Deixe a tinta secar bem e depois complete as aves, colando as figuras recortadas da página 53.

55

Caixas mágicas

O que cada criança inventou com sua caixa de papelão? Complete os tracejados, pinte a roupa do navegante e, depois, procure uma caixa em casa e solte a imaginação para criar um brinquedo ou fantasia bem legal.

57

Janelinhas

Você mora em uma casa ou em um prédio? Que paisagem vê da sua janela? Peça ajuda a um adulto para recortar as janelas na página ao lado e cole cada uma em seu lugar. Desenhe-se na janela vazia.

Instruções

Com a ajuda de um adulto, use uma tesoura sem ponta e recorte as janelas abaixo. Depois, cole-as nos lugares correspondentes, na página anterior, e imagine como são esses vizinhos.

59

Alegria, alegria!

Os coelhos estão dançando, felizes! Você consegue imitar os movimentos deles? Que música deixa você alegre? Pinte cada coelho de uma cor e se desenhe dançando.

BRINQUE MAIS
Campos de Experiências é só o começo!

Entre na dança

Enquanto se movimenta, a criança se desenvolve, se conhece melhor e aprende com o corpo todo. Então, escolha uma boa trilha sonora e mexa-se com ela! Depois de imitar movimentos de bailarinas e coelhos, que tal inventar outros jogos de imitação? Desafie a criança a dançar como uma girafa bailarina, como um macaco numa árvore ou como um peixinho na lagoa. Em seguida, troquem de posição e deixe ela desafiar você a fazer uma imitação.

Toque mágico!

Brincadeiras com tintas são divertidas e ficam ainda melhores quando a criançada usa as mãos e os dedos para pintar, ampliando a sensibilidade tátil e a coordenação motora. Aproveite a ideia para, com a criança, personalizar uma camiseta ou as cortinas do quarto dela, por exemplo, com carimbos das mãos da família toda. Deixem o tecido bem esticado e usem tinta para tecidos.

Vídeo divertido

Depois de criar diálogos e movimentos com os dedoches da atividade da página 49, que tal gravar um vídeo com a criança cantando, saltando ou contando uma piada? Planejem o que cada bicho vai fazer e dizer e grave com o ângulo bem fechado na mão da criança com o dedoche, de forma que ela não apareça e o personagem ganhe bastante destaque.

Nível 3

Curiosidade e experimentação

A curiosidade sem fim e a vontade de experimentar movem a criatividade da criança e a estimulam a se aventurar por novos caminhos, o que garante seu desenvolvimento cognitivo, motor e emocional.

Ela certamente se divertirá bastante, seja na produção de tintas e massinhas ou no uso dos materiais indicados e de outros usados para inventar formas e criar cores. Vai carimbar com vegetais, pintar com um pente e descobrir muitos jeitos diferentes de fazer arte!

Vale a pena apresentar à criança obras de artistas das mais diversas áreas — pinturas, esculturas, fotografias — para que ela conheça e se aproprie de muitas linguagens e se sinta estimulada a fazer suas próprias experiências e a observar a presença da arte e da beleza no seu cotidiano. A arte pode ser encontrada tanto nas músicas e na decoração das festas populares quanto nas suas próprias roupas ou mesmo na decoração de um prato saboroso — que pode ser somente desenhado ou feito com massinha de modelar.

Explorem juntos as diferentes brincadeiras com as cores, construam instrumentos musicais com sucata, cantem e registrem as descobertas e apresentações fazendo exposições de desenhos e pinturas, fotos e gravações em vídeo, expandindo as possibilidades de cada tipo de linguagem.

65

A magia das cores

Pinte a água do copo de azul.

Pinte a água do copo de amarelo.

Pinte a água do copo de vermelho.

As bandeirinhas

Muitos artistas retrataram festas populares, como o ítalo-brasileiro Alfredo Volpi, que pintou diversas bandeirinhas. Para fazer sua obra de arte, peça a um adulto para recortar as bandeirinhas na página lado, sem estragar a moldura, e cole-as nos varais abaixo.

Arte projetada

Peça a um adulto para recortar o molde abaixo pelo tracejado, sem danificar a moldura, e emendar os cortes mantendo o contorno das bandeiras. Colem papel celofane colorido nas áreas vazadas e projetem a imagem na parede com uma lanterna.

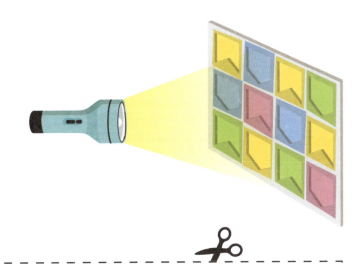

Lar, doce lar

Peça a um adulto para cortar uma cebola média ao meio. Passe tinta na cebola e pressione-a acima do corpo dos caracóis, formando a concha. Depois, diga o nome dos animais que aparecem no quadro e circule aquele que também leva sua casinha nas costas.

RESPOSTA: TARTARUGA.

Rastros divertidos

Chocalho

O som do nome deste instrumento se parece com o barulho que ele faz. Que tal construir chocalhos diferentes para acompanhar brincadeiras com música e dança? Veja como fazer.

VOCÊ VAI PRECISAR DE:

✔ Potes de plástico de vários tamanhos, com tampa.

✔ Latinhas de vários tamanhos, com tampa.

✔ Grãos e sementes.

✔ Pedaços de papel colorido.

✔ Cola, fita adesiva e tesoura.

INSTRUÇÕES:

1. Coloque dentro de cada pote um punhado de um tipo de grão — pode ser milho de pipoca, arroz, feijão ou mesmo pedrinhas — sem encher todo o espaço. Tampe os potes e feche-os bem com fita adesiva.

2. Recorte pedaços de papel colorido e cole-os para decorar os chocalhos.

3. Movimente cada potinho e repare como os sons são diferentes.

4. Convide a turma para ouvir música e cantar e acompanhem o som com os chocalhos. Brinquem também de imitar o som que o chocalho faz.

5. Acompanhe com seu chocalho a música na atividade da próxima página.

Fechou, abriu!

Peça ajuda a um adulto para recortar os tracejados. Marque bem as dobras, para abrir e fechar facilmente a janela. Depois, cantem juntos os versinhos enquanto brincam de abrir e fechar a janela, seguindo a música! E também, para acompanhar o ritmo, cantem usando o chocalho que fizeram juntos.

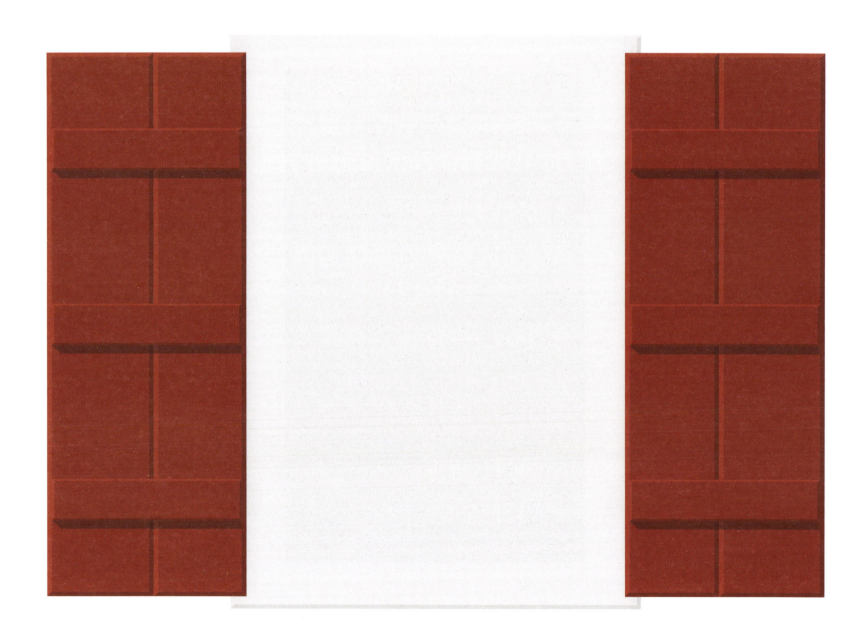

Hora da pipoca

Desenhe na tela uma cena do filme a que as crianças estão assistindo e conte o que está acontecendo. Você também come pipocas enquanto vê seu filme favorito? Circule no quadro o pacote que está vazio.

Positivo e negativo

Você já brincou com carimbos? Até pedaços de batata podem servir para escavar formas e carimbar com tinta, criando pinturas divertidas! Observe as figuras e ligue cada pintura ao carimbo correto.

Família monstro

Que tal criar um carimbo? Faça um desenho como no modelo abaixo, ou outra figura, em um quadrado pequeno de papelão. Sobre o contorno do desenho, cole barbante e deixe secar bem. Molhe o desenho de barbante com guache e carimbe-o no quadro abaixo quantas vezes quiser.

Arco-íris

Quantas cores há no arco-íris? Você já observou esse fenômeno no céu após a chuva? Pinte as camadas, prestando atenção na ordem das cores. Quando aparece um arco-íris, as cores estão sempre nesta ordem.

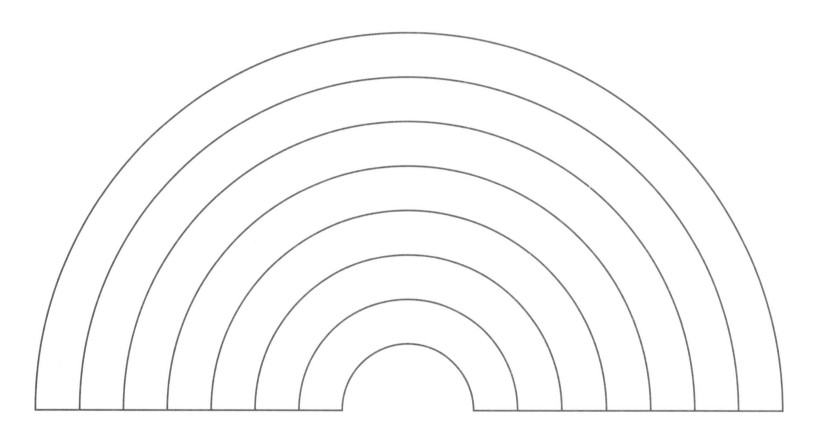

Disco colorido

Peça ajuda a um adulto para recortar e colar esta página em cartolina, para ficar firme. Recorte o disco e faça um furo bem no centro dele, na marca em preto. Encaixe esse furinho na ponta de um lápis e gire o disco bem depressa. Num passe de mágica, ele fica parecendo branco!

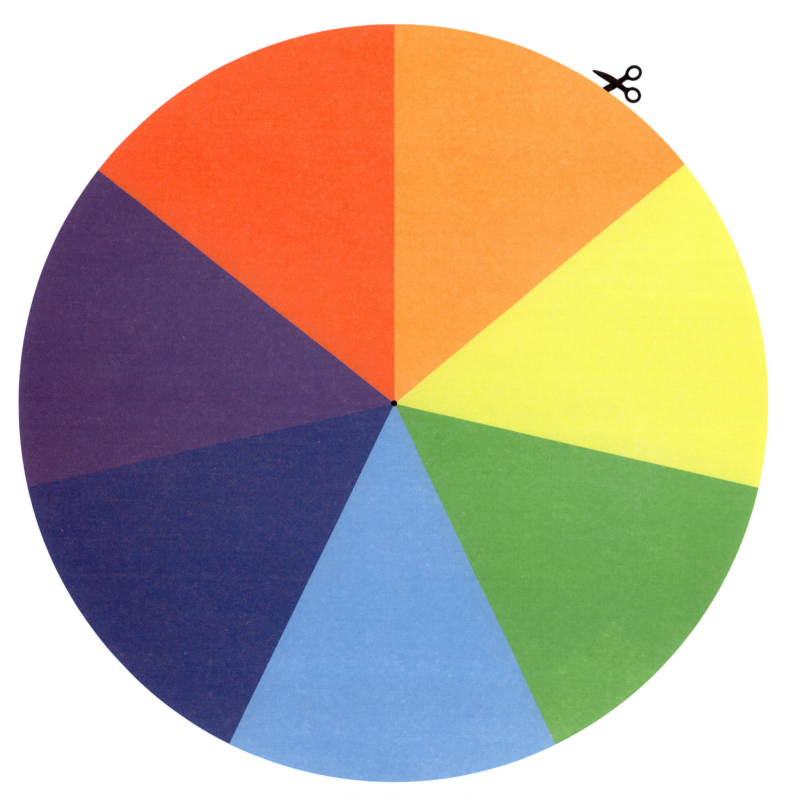

Elefante colorido

Convide um amigo para colorir e brincar com você. Pintem a figura, seguindo as indicações de cores. Depois, um de cada vez toca com o dedo em uma cor da imagem para o outro dizer o nome da cor apontada e o nome de um objeto que seja dessa cor.

BRINQUE MAIS
Campos de Experiências é só o começo!

Show de música

Depois de explorar vários tipos de chocalho na atividade da página 76, convide a criança para criar situações musicais usando objetos do cotidiano, como talheres, tocos de madeira, sinos, apitos, tampas de panela, caixas de fósforo, potes e folhas secas. Vocês podem fazer gravações com o celular e depois brincar de desafio, tentando descobrir qual objeto foi usado para produzir cada som.

Surpresa colorida

Integrando arte e ciências, as atividades com o arco-íris e com o disco colorido, nas páginas 82 e 83, remetem ao cientista Isaac Newton. No século 17, ele descobriu que, quando a luz branca do sol passa pelas gotas da chuva, ela se decompõe em diferentes cores — vermelho, laranja, amarelo, verde, azul, anil e violeta — formando o arco-íris. Já quando se gira bem depressa o disco das cores impressas, o efeito é inverso: nosso olho tem impressão de que as cores se unem e o disco fica branco.

Depois de nomearem juntos essas cores, convide a criança para fazer um arco-íris em casa. Segure um copo de vidro transparente cheio de água contra a luz do sol sobre uma folha de papel em branco. Movimente o copo, inclinando-o levemente e girando-o devagar, até que — surpresa! — o arco-íris apareça na folha em branco.

Nível 4

O poder da imaginação

Em uma fase de maior autonomia, quando também contam com mais recursos de linguagem e expressão, a imaginação dos pequenos está a mil. Enquanto brincam, viajam pelos mais diferentes mundos, expandindo suas vivências e abrindo-se para novas descobertas e sensações, que se refletem em suas interações com a arte.

A partir do desenvolvimento das habilidades manuais e da coordenação visomotora, a criança, aos poucos, consegue fazer movimentos mais complexos e minuciosos com as mãos: desenha, rasga, recorta, cola, pinta e modela com facilidade. Além disso, já começa também a se interessar por criar personagens em suas brincadeiras e a imaginar pequenas histórias com bonecos.

Junto aos avanços motores, ela amplia sua percepção sobre o que acontece ao redor, analisa e comenta o que vê e ouve e é capaz de pensar sobre o que está fazendo, de planejar suas atividades, de definir etapas e, eventualmente, regras para cada brincadeira ou jogo.

Muitas vezes, nessa fase, os pequenos desenham com formas mais claras, escolhem as cores com alguma estratégia e pensam em como distribuir elementos no papel, mas ainda precisam ser estimulados e elogiados, para evitar que se intimidem diante de uma proposta diferente de atividade, achando que não sabem desenhar ou recortar, por exemplo. Valorize cada tentativa e incentive a criatividade, sem se preocupar com representações realistas de formas.

Como a criança já consegue se concentrar por mais tempo, pode ser um bom momento para contar histórias mais longas e programar com maior frequência passeios ao teatro e ao cinema e visitas a exposições.

O Show dos Dinos

Abram as cortinas do teatro! O espetáculo vai começar! A turma dos "palitossauros" chegou para você encenar histórias e se divertir!

VOCÊ VAI PRECISAR DE:

- Uma caixa de sapatos retangular (sem tampa).
- Cartolina ou papelão (pode ser a tampa da caixa).
- Palitos de churrasco.
- Tesoura, cola e fita adesiva.

MONTE OS "PALITOSSAUROS":

1. Peça a um adulto para recortar a página 91 e a colar sobre uma folha de cartolina. Depois, recortar as figuras.

2. Prenda um palito de churrasco atrás de cada dinossauro, usando fita adesiva, como mostra o esquema ao lado. Passe uma camada de fita na outra ponta do palito de churrasco, para manusear o brinquedo sem se machucar.

MONTE A CAIXA DE TEATRO:

1. Peça a um adulto para recortar um retângulo em uma das laterais maiores da caixa. Os personagens serão encaixados nessa fenda para atuarem no palco, como mostra o esquema ao lado.

2. Recorte as peças da página 93 e monte a caixa como mostra o esquema ao lado: cole as cortinas e as moitas nas laterais da parte da frente do palco e decore o cenário com as outras imagens, como quiser.

3. Pronto! Convide um amigo e escolham os "palitossauros" para encenar o Show dos Dinos no seu teatro e divertir o respeitável público!

Monte os "palitossauros" Monte a Caixa de Teatro

91

Casaco de retalhos

Recorte pedaços pequenos de papelão e pinte-os usando tintas de várias cores, como mostra o modelo. Depois, cole-os sobre a imagem abaixo, para completar o corpo do porco-espinho.

95

Água na boca

Na página ao lado, complete o tracejado com giz e circule a única fatia de pizza diferente. Depois, prepare esta "pizza" no capricho: pinte a cobertura de amarelo e deixe secar. Pegue metade de um tomatinho, passe-o em guache vermelha e carimbe. Cole pedacinhos de papel, imitando folhinhas de tempero e azeitonas.

Imagine se os utensílios da cozinha ganhassem vida e virassem personagens engraçados! Desenhe detalhes para transformar estas imagens em monstros, robôs, animais e objetos fantásticos. Depois, escolha entre as cores quentes e frias para pintar as suas criações, de acordo com a personalidade que você imagina para cada um.

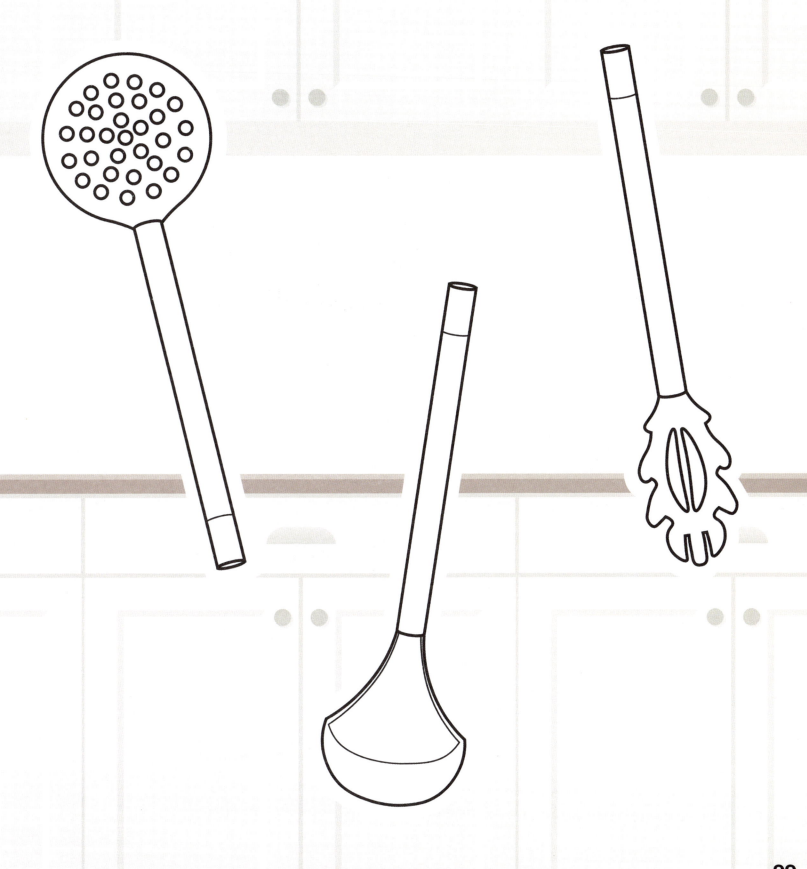

99

Brincando na selva

Divirta-se duplamente com o rei leão! Primeiro, use uma escova de dentes velha e tinta guache laranja para fazer a juba do leão ao lado. Lave e seque a escova e use-a com guache verde para fazer a grama. Depois, siga as instruções abaixo e faça o seu leão de origami.

1

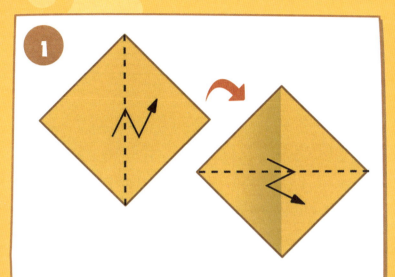

Recorte um quadrado em papel de origami laranja. No lado colorido do quadrado de papel, dobre as pontas opostas e desdobre-as, para marcar a linha horizontal e a vertical.

2

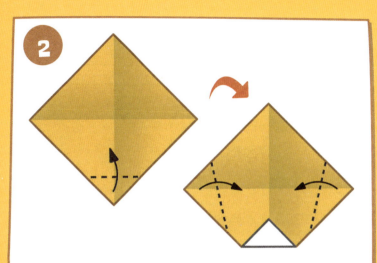

Dobre a ponta inferior para cima. Em seguida, siga as indicações e dobre, pelos tracejados, as partes laterais para o centro.

3

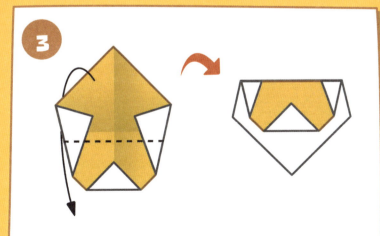

Dobre a parte superior para trás e posicione a dobradura como mostrado acima. Sobre ela, desenhe os olhos, o nariz, a boca e o bigode do leão.

4

Na parte branca do papel, use a escova de dentes com guache laranja e faça rastros para completar a juba. Pronto! Você sabe imitar o rugido desse bicho? Graaauuu!

Dominó das cores

Convide a turma para brincar e se divertir aprendendo as sete cores do arco-íris com o jogo de DOMINÓ.

PREPARAÇÃO:

Peça a um adulto para recortar as páginas seguintes, com as 28 peças do jogo. Cole cada página em uma cartolina, deixe-a secar bem e depois recorte as peças.

VOCÊ VAI PRECISAR DE:

- 2 a 4 jogadores, com um adulto.
- Um dado.
- Jogo de **DOMINÓ**.

INSTRUÇÕES:

1. Joguem o dado e, quem tirar o número mais alto, vai embaralhar e distribuir sete peças para cada participante, sem olhar para elas. As sobras, se houver, devem ficar em um montinho, com as cores viradas para baixo sobre a mesa.

2. Quem tiver a peça **vermelho/vermelho** começa o jogo, colocando-a sobre a mesa. Se ninguém tiver essa peça, vale a ordem da cor seguinte do arco-íris: peça **laranja/laranja**, peça **amarela/amarela**... E assim por diante.

3. O próximo jogador deve colocar uma de suas peças com a mesma cor em uma das extremidades da peça sobre a mesa. Se não tiver essa cor, pode pegar uma peça do monte (se houver) até conseguir. Se não houver peças no monte ou na cor pedida, passa a vez para o próximo jogador.

4. Quem terminar de encaixar as suas peças primeiro ganha o jogo.

Formas e cores

O grande artista espanhol Joan Miró criou muitas de suas obras misturando cores fortes e formas simples. Inspire-se nele e crie abaixo uma pintura usando pinceladas das cores primárias: amarelo, vermelho e azul. Deixe secar e então acrescente linhas e pontos com giz preto.

BRINQUE MAIS
Campos de Experiências é só o começo!

Teatro de sombras

Os "palitossauros" das páginas 91 e 93 podem ser astros de outro tipo de espetáculo. Basta pintar com tinta preta o papelão que está no verso das figuras, recortar uma janela na tampa de uma caixa de sapato e cobri-la com um papel branco e fino. Depois, coloque uma lanterna por trás da tampa da caixa, apague a luz e use os palitos para mover os personagens e criar uma história divertida. Procure outras figuras e crie demais personagens, que podem ser usados nos dois teatros.

Grandes artistas

No livro, são citados os nomes de Alfredo Volpi e Joan Miró, dois grandes artistas plásticos que realizaram obras muito atrativas para os pequenos. Pesquise junto à criança, para encontrar referências sobre os trabalhos desses e de outros artistas consagrados, e destaque informações curiosas sobre eles. Além de ampliar seu repertório cultural, essas experiências ajudarão a criança a valorizar as mais diversas formas de ver e representar o mundo.

Esforço premiado

A criança chegou até aqui e merece um presente por ter completado o livro. Ajude-a a preencher o DIPLOMA no final do livro. Depois, recorte-o pelo tracejado e sugira que ela o guarde como lembrança dos momentos felizes de aprendizado e diversão que vocês vivenciaram juntos. Continue incentivando-a a conhecer diferentes formas de arte, a liberar a criatividade e a se expressar de várias maneiras, para que ela descubra como só as crianças são capazes de inventar novos jeitos de fazer arte. Parabéns para vocês!

DICAS PARA pais e educadores

Veja como usar os livros da coleção **Campos de Experiências** para tornar ainda mais especiais seus momentos com a criança!

✔ Na hora certa

Evite iniciar as atividades do livro se a criança estiver muito agitada, envolvida com outra brincadeira, sonolenta ou com fome, por exemplo. É melhor aguardar um momento em que ela esteja mais disponível e tranquila, para que possa dedicar mais atenção a cada proposta.

✔ Mantenha o foco

O ideal é acompanhar a criança durante toda a atividade, apresentando as propostas, ouvindo as perguntas, observando-a com atenção e valorizando seus comentários e progressos. Reserve esse tempo de qualidade para estar com a criança, mantendo distância de aparelhos eletrônicos e evitando fazer várias coisas simultaneamente.

✔ Comece do começo

Não há uma ordem determinada para a realização das atividades, mas o ideal é começar pelas mais simples, avançando aos poucos. Caso perceba pouco interesse da criança por certo desafio, avance nas páginas para outro tema que chame mais a atenção dela e retorne a esse em outro momento.

✔ Sempre à mão

Deixe o livro em um local acessível, para que a criança possa folheá-lo, explorar os temas e descobrir por quais se interessa mais, rever as páginas que completou e também ter a iniciativa de convidar você a fazer as atividades.

✔ **Perceba a hora de parar**

A atenção ativa das crianças, especialmente das mais novas, tem duração limitada. É essencial respeitar essa característica, sugerindo as propostas mais adequadas a cada momento. Se for o caso, apresente desafios em etapas ou faça pausas e fique atento para interromper uma atividade antes que a criança apresente sinais de irritação ou cansaço.

✔ **Seja positivo**

Caso a criança cometa algum erro enquanto realiza uma atividade, não a reprove nem demonstre decepção. Valorize sua criatividade e seu empenho e procure incentivá-la a tentar mais vezes, reafirmando a sua confiança. Diga que será mais fácil na próxima tentativa e que vocês conseguirão melhores resultados depois de mais treino.

✔ **Desafios na medida certa**

Escolha a atividade adequada: se estiver fora de alcance naquele momento, a criança pode ficar irritada e desistir e, se for fácil demais, pode não se interessar em terminá-la.

✔ **Envolva-se!**

A atenção do adulto é muito importante para que a própria criança valorize a atividade que está realizando. Participe da brincadeira e, ao terminarem uma atividade, comemore com um abraço carinhoso.

✔ **Sensibilidade é tudo!**

Na infância, a aprendizagem está muito ligada a sensações e emoções. É importante estimular a criança a vivenciar as situações de forma concreta, tocando nos materiais, ouvindo palavras e sons, observando imagens, explorando a sensação e utilizando os sentidos para concretizar a aprendizagem.

DIPLOMA

COLE UMA FOTO SUA AQUI.

CERTIFICAMOS QUE ....

COMPLETOU O LIVRO

Eu Crio

CAMPOS DE EXPERIÊNCIAS